PLANETA ANIMAL

EL BUITRE

POR KATE RIGGS

CREATIVE EDUCATION • CREATIVE PAPERBACKS

Publicado por Creative Education
y Creative Paperbacks
P.O. Box 227, Mankato, Minnesota 56002
Creative Education y Creative Paperbacks son marcas
editoriales de The Creative Company
www.thecreativecompany.us

Diseño de The Design Lab
Producción de Chelsey Luther, Rachel Klimpel, y Mike
Sellner
Editado de Alissa Thielges
Dirección de arte de Rita Marshall
Traducción de TRAVOD, www.travod.com

Fotografías de Alamy (Bill Gozansky, blickwinkel, Cat'chy
Images, Ernie Janes, Sabena Jane Blackbird, Steve Bloom
Images), Corbis (Theo Allofs), Dreamstime (Isselee),
Newscom (FEDERICO GAMBARINI/ AFP), Shutterstock
(kavram, Mark Dumbleton, Svitlana Tkach, Thomas Torget)

Library of Congress Cataloging-in-Publication Data
Names: Riggs, Kate, author.
Title: El buitre / by Kate Riggs.
Other titles: Vultures. Spanish
Description: Mankato, Minnesota: Creative Education and
Creative Paperbacks, [2023] | Series: Planeta animal
| Includes index. | Audience: Ages 6–9 | Audience:
Grades 2–3
Identifiers: LCCN 2021061154 (print) | LCCN
2021061155 (ebook) | ISBN 9781640266841
(hardcover) | ISBN 9781682772409 (paperback) |
ISBN 9781640008250 (ebook)
Subjects: LCSH: Vultures—Juvenile literature.
Classification: LCC QL696.F32 R54818 2023 | DDC
598.9/2–dc23/eng/20211223
LC record available at https://lccn.loc.gov/2021061154
LC ebook record available at https://lccn.loc.
gov/2021061155

Tabla de contenidos

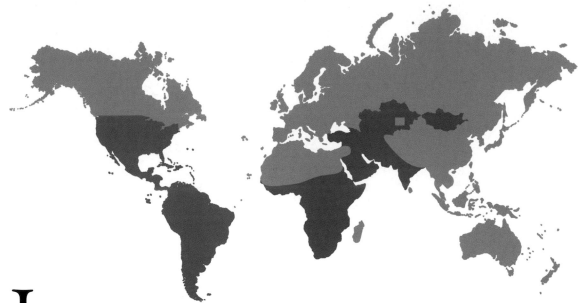

Los buitres pertenecen a un grupo de aves conocidas como aves rapaces. Los buitres del Viejo Mundo viven en Europa, Asia y África. Los buitres del Nuevo Mundo se encuentran en las Américas. Los buitres pavo son el tipo más común de buitres del Nuevo Mundo.

La cabeza roja y arrugada del buitre pavo lo hace fácilmente reconocible.

LOS buitres tienen plumas en todas partes excepto en la cara. Tienen el pico en forma de gancho. Las partes más coloridas de los buitres son sus cabezas. Muchos buitres tienen caras rojas, rosadas, amarillas, blancas, o negras.

El pico del buitre está hecho de queratina (como las uñas de los humanos).

Los cóndores andinos viven en la Cordillera de los Andes en América del Sur.

Todos los buitres tienen una **envergadura** amplia. Les ayuda a volar durante mucho tiempo para buscar comida. Los cóndores andinos tienen la envergadura más grande. Sus alas se extienden 10,5 pies (3,2 m) de ancho.

envergadura el ancho máximo de una punta de ala a la otra

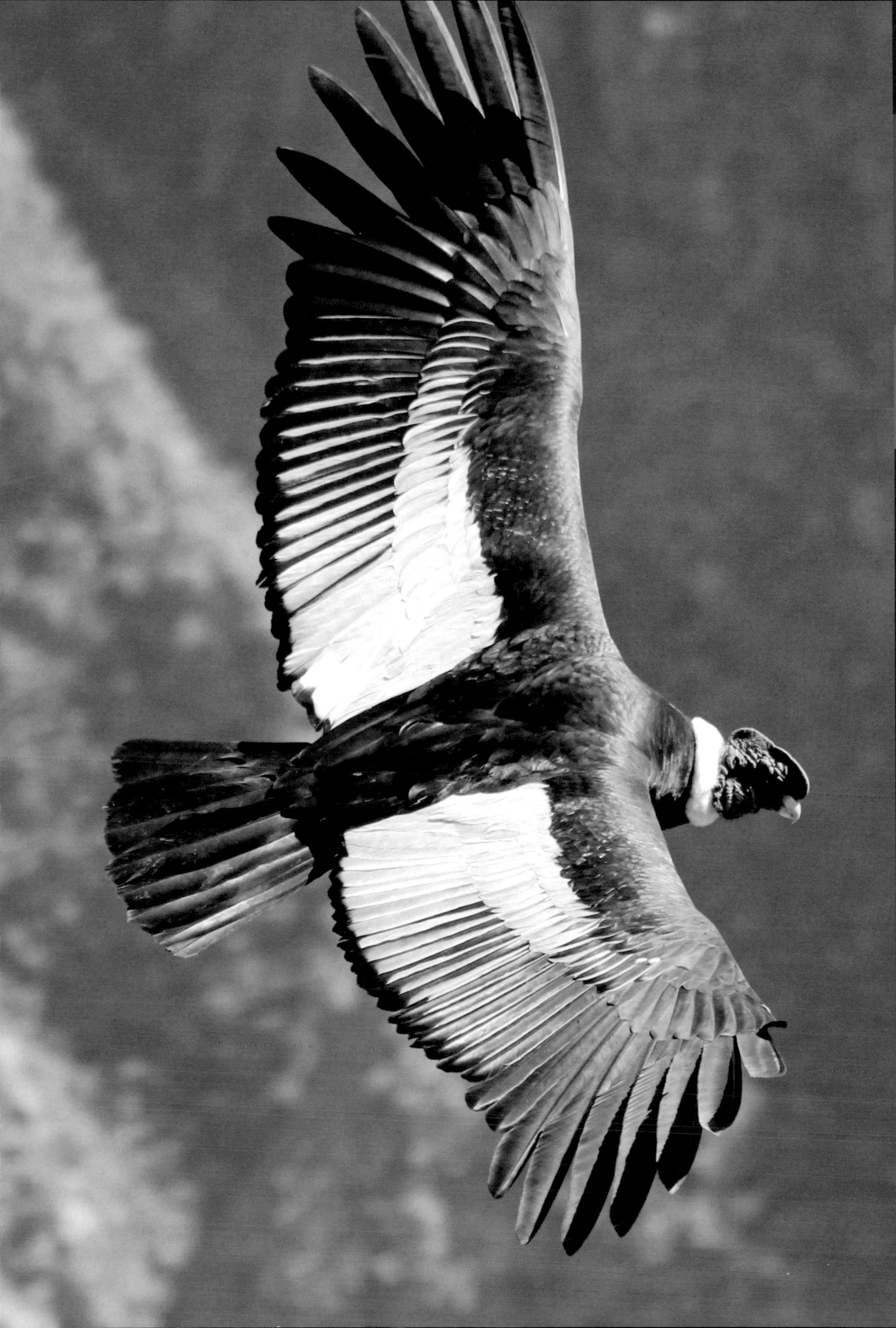

Los buitres del Viejo Mundo tienen más plumas en la cabeza. Chillan y parlotean mientras comen. Los buitres del Nuevo Mundo solo pueden gruñir y silbar. Los buitres tienen buena vista. También tienen un excelente sentido del olfato.

Los buitres usan sus garras para aterrizar en acantilados rocosos.

Los buitres pueden oler o ver la comida mientras vuelan en lo alto. A los buitres se les llama carroñeros porque comen animales que ya están muertos. El buitre usa su pico como un cuchillo para cortar carne.

Los carroñeros como los buitres son la forma en que la naturaleza mantiene la limpieza de ciertos lugares.

Las crías de buitre no tienen la misma coloración que los adultos.

Los buitres comienzan su vida dentro de huevos. Los padres se turnan a mantener los huevos calientes. Los **polluelos** salen de los huevos en entre 30 y 70 días. Se pelean por la comida. Los buitres jóvenes abandonan el nido después de aprender a volar.

polluelo un buitre bebé

Los buitres leonados de Ruppell pueden vivir de 40 a 50 años en África.

LOS buitres no tienen muchos **depredadores**. Muchos tipos de buitres pueden vivir 25 años en estado salvaje. ¡Un buitre pavo llamado Toulouse vivió en un zoológico durante más de 40 años!

depredadores animales que matan y comen a otros animales

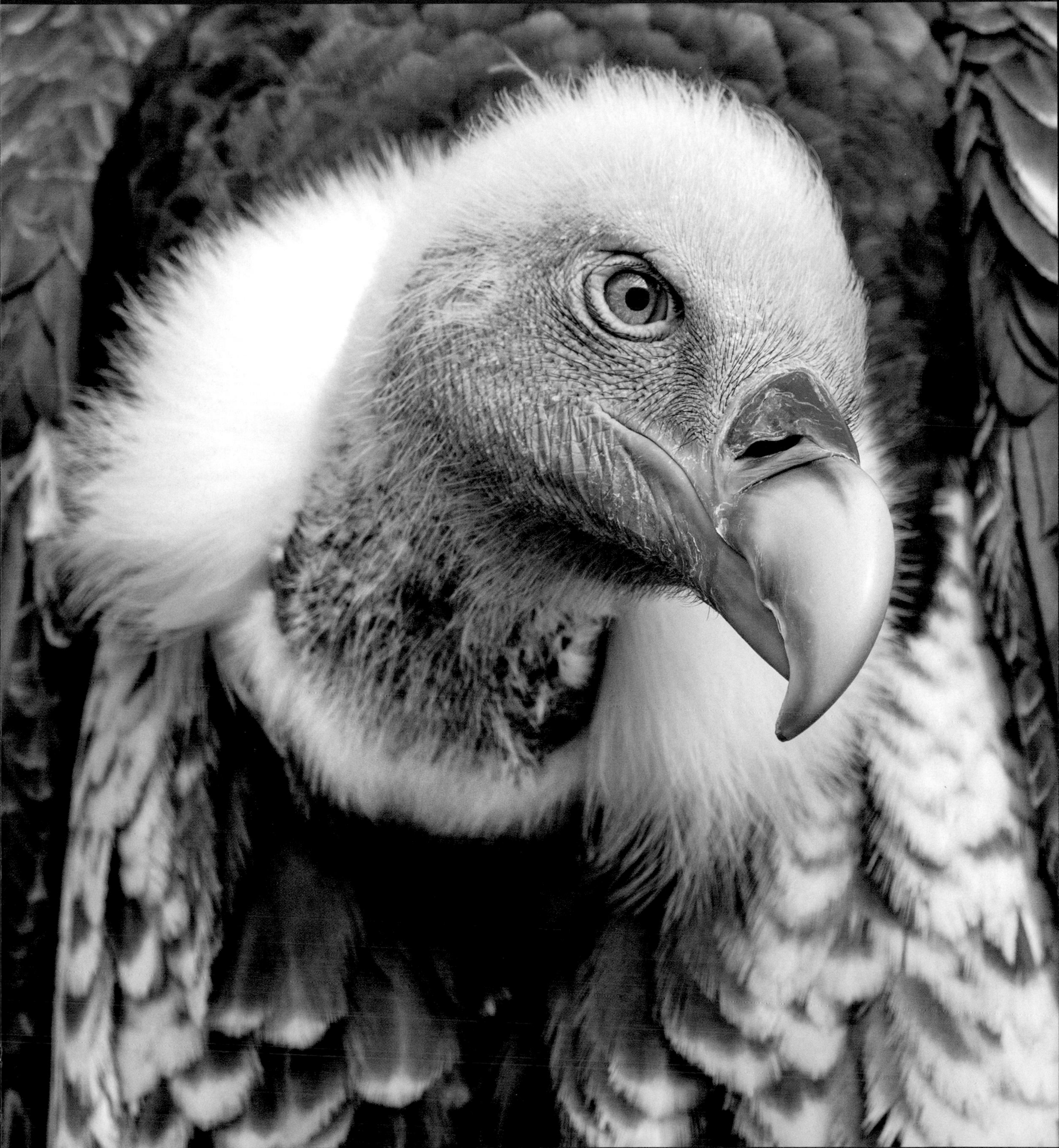

LOS buitres buscan comida durante el día. Vuelan en círculos o se posan en un árbol alto. Se agrupan para desgarrar la carne. Comen y comen hasta saciarse.

Los buitres pueden comer el 20 por ciento de su peso corporal de una sola vez.

Los buitres vuelan alto en cálidas masas de aire llamadas térmicas.

Algunos buitres son comunes en todo el mundo. Se los puede ver en bosques o **desiertos**. Otras veces, la gente va a los zoológicos para ver a estas aves calvas.

desiertos tierras cálidas y secas con poca lluvia

Un cuento del buitre

La gente de África tiene una historia sobre por qué el buitre es calvo. Hace mucho tiempo, había un dios que estaba enojado y vivía cerca del sol. No dejaba que lloviera. Entonces, el ave más hermosa del mundo voló hacia el sol. El calor quemó las plumas de su cabeza. Cuando el dios vio cuánto había sufrido, dejó que lloviera. Pero el ave, el buitre, está calva hasta el día de hoy.

Índice